la montaña

Barron's Educational Series, Inc. tiene los derechos exclusivos para distribuir
esta edición en los Estados Unidos, Canadá, las Islas Filipinas y Australia.

Barron's Educational Series, Inc.
250 Wireless Boulevard
Hauppauge, New York 11788

Primera edición, febrero 1987
Publicado en acuerdo con Parramón, Barcelona, España

© Parramón Ediciones, S.A.
Primera edición, febrero 1986

Número Internacional del libro 0-8120-3752-9

Library of Congress Catalog Card No. 86-25878

Library of Congress Cataloging-in-Publication Data

Rius, María.
  La montaña.
  Summary: Describes mountains, the plants and animals that live on them, and
the many pleasures they offer.
  1. Mountains—Juvenile literature. [1. Mountains. 2. Spanish language
materials] I. Parramón, José María. II. Title.
[GB512.R58 1987]   910'.09143   86-25878
ISBN 0-8120-3752-9

Depósito Legal: B-26.674-87

Estampado en España por Sirven Grafic, S.A.
Gran Vía, 754 - 08013 Barcelona

789   98765432

María Rius
Josep Mª Parramon

la montaña

BARRON'S

Nueva York • Londres • Toronto • Sidney

Cuando a tu alrededor todo sea inmensidad y grandeza...

...y paz y silencio.

Cuando las nubes y el cielo
estén más cerca,

y, desde lo alto, veas
los profundos valles...

... los ríos nacer...

... las águilas volar y los ciervos correr.

Cuando hagas largas excursiones,

y veas plantas, flores, árboles,
animales...

... hermosos lagos de aguas cristalinas...

y pequeños pueblos en torno
a un campanario.

Cuando el frío y el viento
sean muy intensos,

y de la nieve puedas disfrutar...

¡Estás en la montaña!

LA MONTAÑA

Verdes praderas, espacios abiertos, cumbres desde las que parece que puedan tocarse las nubes. Y paz y silencio... Un lugar para que el hombre pueda comprender mejor su propia dimensión. Así es la montaña.

¿Qué es la montaña?

Si nos servimos del diccionario, vemos que bajo la denominación de montaña se nos define toda elevación de terreno superior a los 400 metros. Pero para aquellos que la frecuentan, que la conocen bien y que saben disfrutarla, la definición quedaría corta. Porque la montaña es, para muchos jóvenes y menos jóvenes, un lugar de esparcimiento y diversión, lleno de connotaciones de tipo humanístico y que aporta a sus vidas, la paz y la serenidad que sólo el silencio, los bellos paisajes o la soledad de algunos parajes pueden proporcionar.

Descripción geográfica

Las montañas pueden estar aisladas (macizos) o agrupadas, formando sierras o cadenas montañosas que, a su vez, cuando se unen, constituyen lo que llamamos cordilleras. Por su altura, la montaña puede recibir tres clasificaciones: alta montaña (más de 2.500 m. de altura) ideal para los deportes de invierno, media montaña (1.000 a 2.000 metros) y baja montaña, cuando no sobrepasa los 1.000 metros.

Clima y vegetación

Si subimos una montaña, percibiremos que cada cien metros la temperatura desciende 0,6 grados. Este factor, unido a fuertes vientos producidos por los desniveles, hace que el clima de montaña sea extremo y en ocasiones, muy difícil de sobrellevar. Así pues, el clima y la altura condicionan la vegetación: hasta los 2.000 metros de altura, encontramos bosques de vegetación densa, que se benefician de las aguas de torrentes y ríos, originados por el deshielo; pero, a partir de dicha altura, los árboles van disminuyendo y la montaña ofrece, básicamente, conjuntos de prados.

Montañismo y alpinismo

La montaña siempre ha ejercido una poderosa atracción sobre los hombres que, desde la más remota antigüedad, se han esforzado por alcanzar su más altas cumbres. Ya en Salustio y Jenofonte, encontramos descripciones de escaladas y existe constancia histórica de que, en 1336, Petrarca, al igual que otras figuras del Renacimiento, escaló la cima del Mont Ventoux (1920 m). Pero el alpinismo, propiamente dicho, se inicia a mediados del siglo XVIII, cuando H. B. Saussure comienza a teorizarlo. En el s. XIX, comienzan a inventariarse y describirse cimas, la mayoría de las cuales se escalan entre 1850-1865, año en que tiene lugar el primer drama de la historia del alpinismo cuando, en el descenso del Monte Cervino, mueren cuatro montañeros. Con este dato, el montañismo se convierte en un deporte arriesgado, lo que no impide que, poco a poco, se extienda su práctica, que hoy cuenta con un buen número de seguidores.

El excursionismo

Desde la última decena del siglo pasado, el montañismo se enriqueció con nuevos matices que desembocaron en la práctica del excursionismo. Este deporte no es más que la realización de excursiones con fines culturales o científicos. Agrupados en clubs, los jóvenes se reúnen, deseosos de entrar en contacto con la naturaleza, conocer su país y fomentar el compañerismo y la amistad. Sus largas marchas, sus acampadas, llenan la montaña de color y consiguen crear entre ellos fuertes lazos de amistad que refuerzan su sentido de solidaridad con el mundo que les rodea.

La vida en la montaña

La vida en la montaña es más dura y difícil que en el llano, debido a las condiciones geográficas y ambientales de la misma: fuertes pendientes, aludes y desprendimientos, intensas nevadas... Pero a los primeros hombres que se instalaron en ella, la abundancia de caza les compensaba de posibles rigores. Siglos más tarde, el hecho de que algunas montañas ofrecieran zonas inaccesibles, facilitó las operaciones de defensa y vigilancia. Hoy, la montaña está casi deshabitada pero aún existen núcleos reducidos de población, alrededor de explotaciones forestales, industrias hidroeléctricas o instalaciones de deportes de invierno o enclaves turísticos.

La montaña ha protegido siempre al hombre, ofreciéndole refugio en caso de necesidad, gracias a lo inaccesible de su altura, y enriqueciendo su espíritu, al permitirle vivir en contacto con la naturaleza y compartir esta experiencia con otros montañeros.